AF224916

27
I n
25144

LE BIENHEUREUX

ANDRÉ ABELLON

SA VIE ET SON CULTE

OUVRAGES DU MÊME AUTEUR

Manuel du T. S. Rosaire, renfermant les excellences de cette dévotion, ses indulgences, ses pratiques et des miracles choisis ; approuvé par le R^{me} maître général des FF. Prêcheurs et plusieurs membres de l'épiscopat français ; 3e édition, in-18   1 fr 50 c.

Le Rosaire, notice, indulgences, méthode pratique ; livre indispensable à tout membre de la Confrérie du Rosaire ; in-32   20 c.
     Le cent 15 fr. »» c.

Le Rosaire perpétuel, notice et méthode pratique ; in-32   20 c.
     Le cent 15 fr. «« c.

Les XV Samedis, méditation, prière et exemple pour chaque samedi ; 3e édition, in-32   30 c.

Les XV Mardis, méditation, prière, pratique et exemple pour chaque mardi ; in-32   50 c.

St Vincent Ferrier, de l'ordre des FF. Prêcheurs, sa vie, ses enseignements spirituels, son culte pratique ; in-12   2 fr. 50.

Le Rosaire du T. S. nom de Jésus, précédé d'une notice sur la confrérie du même nom, et suivi de pratiques expiatoires enrichies d'indulgences ; in-32, 40 c.

Réglement et pratiques, enrichies d'indulgences, à l'usage des personnes pieuses ; in-32   20 c.
     Le cent 15 fr. »» c.

La Milice Angélique, sa nature, conseils pratiques, prières ; in-32   25 c.
     Le cent 20 fr. »» c.

Neuvaine aux BB. Martyrs d'Avignonet, approuvée par NN. SS l'Archevêque de Toulouse et les Evêques de Carcassonne et de Tarbes ; in-18, 40 c.

Le Rosaire de la Sainte Vierge pour la propagation de la Foi et spécialement pour la conversion du Japon, avec notice et neuvaine des Martyrs dominicains du Japon béatifiés le 7 juillet 1867 ; in-32, 80 c.

LE BIENHEUREUX
ANDRÉ ABELLON

Des Frères-Prêcheurs

1450

Sa vie et son culte

Par le R. P. Frère ANDRÉ PRADEL

DU MÊME ORDRE

PARIS

POUSSIELGUE frères, LIBRAIRES-ÉDITEURS

27, RUE CASSETTE

—

1869

PROTESTATION

—

Entièrement soumis aux décrets du Pape Urbain VIII sur la matière de son travail, l'Auteur déclare ne vouloir prévenir en aucune façon le jugement du Saint-Siège, et s'il donne au personnage dont il écrit la vie le titre de Bienheureux, s'il lui attribue un culte et s'il parle des miracles obtenus par son intercession, il ne prétend le faire que dans la mesure permise par les décrets précités.

—

APPROBATION DE L'ORDRE

—

Après une lecture attentive de l'ouvrage du R. P. André Pradel, de notre Ordre, intitulé : LE BIENHEUREUX ANDRÉ ABELLON, SA VIE ET SON CULTE, nous jugeons cet opuscule très propre à édifier et à nourrir la piété des fidèles. La neuvaine au Bienheureux renferme une excellente doctrine, et tout l'Ouvrage est empreint d'un esprit de foi et d'une grâce d'onction que l'on trouve rarement en ces sortes de livres.

29 mai 1869.

Fr. Emmanuel MANUEL, des FF. Prêcheurs,

Maître des Novices au couvent de St.-Maximin.

Fr. Albert GERBART, des FF. Prêcheurs,

Lecteur en S. Théologie, sous-Prieur et Maître des Novices au couvent de Mazères (Ariège).

Imprimatur :

Fr. Hyac. M. CORMIER.
S. O. P. Provinc.

APPROBATION DE L'ORDINAIRE

Vu le rapport favorable qui nous a été adressé sur un livre intitulé : *le Bienheureux André Abellon, des Frères-Prêcheurs, sa vie et son culte*, par le R. P. Fr. André PRADEL, du même Ordre , Prieur du couvent de Saint-Maximin , dans notre diocèse , nous approuvons ledit Ouvrage.

Et afin d'encourager la piété des fidèles envers le saint personnage dont l'auteur nous retrace la vie et justifie si bien le culte par son pieux travail , nous confirmons l'indulgence de *quarante jours* déjà accordée par nous à une prière au bienheureux André Abellon , et en outre nous accordons la même indulgence de *quarante jours* aux actes suivants de piété renfermés dans le livre susdit : 1º à chacun des jours de la Neuvaine du Bienheureux ; 2º à la prière composée pour être adressée au Bienheureux à Saint-Maximin , lieu de sa naissance ; 3º à la prière destinée à être adressée au même Bienheureux à la Sainte-Baume , dont il a été l'illustre et très zélé supérieur.

Donné à Fréjus , le 25 juin 1869.

✝ J. HENRI , év. de Fréjus et Toulon.

AVANT-PROPOS

Avec des débris trouvés au sein de la terre, les Naturalistes de notre siècle ont pu donner une idée exacte de quelques êtres dont la race est aujourd'hui éteinte. Grâce à Dieu, au moyen de quelques données historiques, se prêtant un appui mutuel, d'un poids considérable, nous sommes parvenus, — c'est notre espoir —, à reconstituer la remarquable figure du bienheureux André ABELLON, au quinzième siècle. Nous la présentons à nos lecteurs, dans cet abrégé de sa vie, avec ses traits caractéristiques.

On ne s'étonne pas, quand on s'est rendu compte de ce saint personnage, qu'il ait obtenu après sa mort les honneurs du culte public ; que ce culte se soit perpétué à travers les siècles, et qu'aujourd'hui même il y ait beaucoup d'âmes fidèles à sa mémoire et pleines de confiance en son intercession.

Nous avons, en faveur de ces dernières, ajouté à la VIE une Neuvaine et plusieurs Oraisons. Daigne le Seigneur accorder sa bénédiction à notre travail, et puisse le présent Opuscule faire connaître, aimer et vénérer davantage le digne serviteur de Dieu!

LE BIENHEUREUX ANDRÉ ABELLON

Des Frères Prêcheurs

1450

Sa Vie et son Culte

PREMIÈRE PARTIE

VIE DU BIENHEUREUX ANDRÉ ABELLOH

—

1 — *La patrie et les premières années du Bienheureux*

Une petite ville de Provence, illustre non par sa grandeur et le nombre de ses habitants, mais par les souvenirs de sainte Marie Madeleine, qui a rendu le dernier soupir et qui a reçu la sépulture dans l'enceinte de ses murailles, Saint-Maximin est le lieu de la naissance du bienheureux André Abellon. Il dut y venir au monde vers l'an 1380. En 1408 il avait déjà obtenu le titre honorable de Docteur en Théologie. A cette époque, sa première jeunesse était passée et il entrait dans l'âge mûr.

Il existe encore dans le pays des familles qui portent le nom de Bellon. L'une d'elles, d'après la tradition, possédait autrefois le privilége de vendre aux pélerins les objets de piété relatifs au culte de sainte Marie-Madeleine. Peut-être notre Bienheureux appartenait-il à cette dernière famille. Cette hypothèse nous donnerait en quelque sorte la clef de sa vocation : l'enfant, en commerce habituel avec les religieux préposés au service de la basilique de Saint-Maximin, aurait puisé auprès d'eux son attrait et aurait reçu de leur part les encouragements et les secours nécessaires pour le réaliser.

Quoi qu'il en soit, le bienheureux André reçut de nos Pères la naissance spirituelle, puisque à cette époque ils étaient chargés de l'administration de la paroisse. L'un d'eux le baptisa : ce fut aussi l'un d'eux qui lui inculqua les premiers éléments de la doctrine chrétienne, lui apprit à joindre ensemble la crainte et l'amour de Dieu, et le disposa à puiser dans la digne réception des Sacrements ces grâces d'en-haut si nécessaires pour éviter le dépérissement spirituel et croître de jour en jour dans la perfection intérieure.

Les bonnes qualités de l'enfant, sa docilité, sa douceur, sa ferveur naïve le distinguèrent de ses compagnons : et nos Pères ayant découvert en lui une riche intelligence, ne voulurent point laisser ce trésor inutilement enfoui.

André, de son côté, répondit aux soins particuliers que l'on prit de son âme. Ses connaissances et ses vertus croissaient avec ses années. Il apprit aisément les lettres latines.

Nous ne saurions dire s'il fit ses études préliminaires à Saint-Maximin ou à Marseille. Une note renfermée dans les archives du Couvent des Dominicains d'Aix indique le couvent de Marseille comme celui où le bienheureux Père reçut l'habit. Ce fait nous donnerait lieu de croire que le saint jeune homme résidait depuis quelque temps dans la grande cité commerciale.

Poussé par l'Esprit-Saint, André se détermina donc à embrasser l'état religieux dans l'Ordre de Saint-Dominique. La reconnaissance lui dictait, pour ainsi dire, cette démarche. Il avait reçu des bons Pères de cet institut le baptême, l'instruction, la sanctification : il se croyait obligé à leur rendre pour ces bienfaits tous les sacrifices du dévouement. Les Pères lui ouvrirent les bras avec bonheur et ils remercièrent Dieu de cette acquisition précieuse.

Au comble de ses vœux lorsqu'il eut pris l'habit, notre bienheureux embrassa avec ardeur les pratiques de la vie nouvelle qu'il avait librement choisie. Il se donna à Dieu de toute son âme, et après l'année accordée aux novices pour éprouver leur vocation, il contracta avec la joie la plus vive les engagements sacrés qui le liaient irrévocablement au culte divin et à la perfection chrétienne.

II — *La science et la piété du Bienheureux André Abellon*

La vie dominicaine est complexe. Les Ordres purement contemplatifs, se contentent de demander à leurs sujets l'avancement intérieur, que l'on obtient par le silence, l'oraison et la mortification des sens. Mais notre Ordre, étant destiné à travailler au salut des âmes, exige, en outre, de ses religieux, des études et des exercices pieux en rapport avec cette seconde fin.

A ce dernier point de vue, le bienheureux Père était merveilleusement doué : le ciel l'avait gratifié d'une belle intelligence, d'un caractère sérieux et d'un esprit réfléchi.

Il aborda courageusement les obscurités de la science divine. Plein de confiance en Dieu et d'ardeur pour l'étude de la théologie, il y consacra tous les moments que n'absorbaient point les devoirs de la vie régulière.

Il justifia par ses succès les espérances de ceux qui l'avaient initié à la connaissance des choses célestes. En 1408, il avait conquis par son mérite le grade éminent de Docteur ou de Maître en Théologie.

Pour bien comprendre la grandeur de ce titre , il faudrait connaître le régime scolastique de notre Ordre. Il nous suffira de dire qu'avant d'obtenir le diplôme de Maître , on doit franchir un grand nombre de degrés intermédiaires dans l'enseignement actif.

Ainsi notre Bienheureux ne reçut pas seulement des leçons de Théologie; il en donna.

Depuis longtemps on a fait justice de la prétendue ignorance du moyen âge. Ce serait une folie d'appeler siècle de ténèbres celui qui a doté le monde du génie le plus exact , le plus sage et le plus profond qui ait peut-être paru parmi les hommes, l'incomparable saint Thomas d'Aquin , justement appelé le *Docteur angélique*, à cause de la sublimité de sa doctrine.

L'enseignement de saint Thomas constitue l'enseignement traditionnel de notre Ordre , qu'il a illustré par sa science et par ses vertus. Les principes incontestables et très sûrs de cet enseignement ont toujours été religieusement professés , maintenus et défendus parmi nous, et c'est ce qui a placé notre école si haut dans l'estime universelle.

Le bienheureux André Abellon fut un intelligent et zélé disciple du Saint Docteur. Il étudia sous son inspiration féconde et en s'éclairant de ses lumières, l'Ecriture, les Saints Pères et les autres branches de la science ecclésiastique. Ce qu'il apprit dans les ouvrages du grand Docteur, il le transmit fidèlement à la génération suivante et il eut ainsi le bonheur de former un des anneaux de la chaîne séculaire des grands esprits qui constituent l'Ecole Thomiste.

Notre Bienheureux prit encore saint Thomas pour son modèle dans la pratique des vertus. Pouvait-il mieux faire que d'imiter un homme dont la sainteté égalait l'intelligence? Il lui était du reste facile de marcher sur ses traces, puisqu'il suivait la même voie, chargé du joug de la même observance et vivant de la même vie.

Nous aimons surtout à nous représenter le Bienheureux André appliqué, à l'exemple de son maître, à honorer la divine Eucharistie. Oh! comme son cœur dut redoubler de ferveur lorsqu'il connut plus clairement, par les magnifiques explications de saint Thomas, les mystères de ce sacrement d'amour! Quelle intime suavité ne devait-il pas ressentir en s'approchant de la Table Sainte! Et lorsqu'il fut appelé au sacerdoce, avec quel respect mêlé d'amour ne dut-il pas exercer les fonctions de l'Autel sacré!

Nous aimons encore à croire que notre Bienheureux, jaloux d'imiter la pureté de son modèle, cultiva avec un grand soin le lis de la pureté dans son âme et dans son corps, en priant Dieu et la Sainte-Vierge de lui conserver cette belle vertu, en veillant sur ses sens, et en mortifiant courageusement une chair trop facilement portée à la révolte.

III — *L'éloquence du Bienheureux André Abellon*

Lorsque notre Bienheureux eut enrichi son âme des trésors de la science et de la sainteté, il sentit un mouvement de la grâce qui le sollicitait à les communiquer aux fidèles. Le digne enfant de saint Dominique ne voulut pas cacher, au détriment des peuples, ces richesses mille fois plus précieuses que l'or et l'argent. Pleinement édifiés sur son aptitude, les supérieurs lui confièrent le ministère de la parole.

Ni l'histoire ni la tradition ne nous ont transmis de renseignement sur les qualités naturelles et extérieures du Bienheureux. Peut-être la Providence l'avait-elle doué, comme son illustre contemporain saint Vincent Ferrier, de ces dons qui frappent les masses avec tant de prestige ; peut-être se distinguait-il par une taille avantageuse, un visage empreint de noblesse et de majesté, une physionomie douce et grave à la fois, une voix sonore et sympathique, un geste énergique et pourtant sobre. Ces conditions extérieures, employées avec une intention pure, ne doivent pas être dédaignées ; plus d'une fois Dieu s'en sert pour donner à la parole évangélique un charme spécial et une efficacité plus complète.

Mais plus d'une fois aussi, afin de montrer au monde qu'il peut se passer de ces auxiliaires, toujours indispensables à l'éloquence humaine, Dieu choisit exprès pour ses apôtres des prêtres et des religieux dépourvus de ces qualités physiques, éléments réels de succès, lorsqu'on parle aux hommes. Ainsi fut appelé Paul, lorsque l'Eglise s'établissait. L'apôtre des Gentils était de petite taille, et d'un physique chétif et peu avenant. Ainsi, à notre époque le vénérable Curé d'Ars, privé et des qualités du dehors, et même de cette science que saint Paul possédait à un haut degré.

À quelle catégorie appartenait le Bienheureux André ? Peut-être à celle qui, privée des avantages de la nature, est enrichie des priviléges de la grâce.

Il est sûr, après tout, que notre Saint avait en partage des qualités excellentes, communes à tous les hommes de Dieu que la vocation d'en haut appelle au ministère apostolique.

Il avait la conviction, il avait le feu sacré du zèle, il brûlait du désir d'instruire les ignorants, de convertir les pécheurs, d'étendre le royaume de Dieu dans les âmes. Voilà ce qui ouvrait sa bouche, ce qui faisait jaillir en abondance les paroles sur ses lèvres, ce qui communiquait à sa voix la puissance d'émouvoir les auditeurs. Le bienheureux Père avait le droit de dire comme le Psalmiste : « *Credidi, propter quod locutus sum; j'ai cru : c'est pourquoi j'ai parlé.* » — (Ps. CXV. 10) Il aimait Dieu, il aimait les âmes, voilà le secret de son éloquence; le cœur en était la source. *Pectus est quod facit disertos*, dit Quintilien.

Les théâtres des prédications du Bienheureux furent principalement les villes d'Aix et de Marseille. La ville d'Aix surtout avait conçu pour lui une profonde affection. Elle ne se lassait jamais d'entendre sa parole, et nul autre prédicateur ne pouvait le remplacer. En 1415 la peste y faisant de grands ravages, ses habitants étaient fort affligés. On ne trouva pas de moyen plus propre à relever leur courage que d'appeler le Bienheureux, afin qu'il leur adressât encore, pour leur commune consolation, cette parole jusques là pour eux toujours si utile et si féconde.

Notre Bienheureux eut encore l'avantage de connaître personnellement saint Vincent Ferrier, son contemporain, d'entendre sa prédication et de jouir de ses entretiens édifiants.

Le grand apôtre du XVe siècle avait commencé à Avignon sa mission prodigieuse : il exerça à plusieurs reprises dans la Provence le ministère de la parole. Il favorisa surtout Aix et Marseille d'une longue série de prédications. Quel beau modèle pour notre Bienheureux ! André trouva dans son frère d'armes une image vivante de saint Dominique et des apôtres. Il s'appropria sans doute la manière de ce grand Saint, et ce fut à cette circonstance non moins qu'à ses qualités personnelles qu'il dut les grands succès de son ministère évangélique.

IV — *La régularité du Bienheureux André Abellon*

Au milieu de ses travaux apostoliques, notre saint Religieux n'oubliait pas le soin de son propre salut. Les craintes de saint Paul étaient entrées dans son âme, et il disait comme l'apôtre : « *Je châtie mon corps et je le réduis en servitude, de peur qu'après avoir prêché aux autres, je ne sois réprouvé moi-même.* » (I Corinth. IX. 27.) L'exemple de saint Vincent Ferrier dut encore l'encourager puissamment dans cette voie. On le sait, cet admirable prédicateur de la pénitence chrétienne était le premier à faire ce qu'il recommandait aux autres. Son recueillement n'était pas troublé par le mouvement immense qu'il suscitait autour de lui. Le ministère ne l'empêchait pas d'accomplir ses pratiques pieuses avec autant d'empire sur lui-même que s'il eût été plongé dans une solitude profonde. Son sommeil était court, sa nourriture frugale, et malgré des fatigues extraordinaires, jamais il ne mangeait de viande.

Le disciple imitait le maître. En dehors des rapports avec le monde, imposés par son ministère, il recherchait avec avidité l'ombre tranquille des cloîtres et le silence fécond de la cellule. Il passait alternativement de la prière à la lecture et de l'étude à l'oraison. Son âme s'engraissait de la substance des livres saints : elle puisait dans les écrits de l'angélique Docteur et la clarté des lumières et les principes de la solide piété.

Les veilles sacrées faisaient ses délices. Il obéissait très fidèlement à la loi de l'abstinence prescrite par les constitutions. (1)

Qu'on nous permette d'exprimer ici une conjecture très plausible : saint Vincent Ferrier a composé un *Traité de la vie spirituelle* échappé aux ravages du temps. Cet opuscule avait été fait à la prière d'un religieux de l'Ordre, comme on le voit dans le préambule de

____

(1) *Non manducabat carnes.* — Extrait des registres du couvent des FF. Prêcheurs d'Arles, archives des Bouches-du-Rhône, Marseille. — Il ne mangeait jamais de viande. Mém. du P. Reboul, archives de St-Maximin.

l'ouvrage. Ce religieux n'était-il pas le Bienheureux André Abellon? En voyant de près
le grand apôtre dans le cours de ses prédications en Provence, le Bienheureux André ne
dut-il pas chercher à surprendre les ressorts
intimes de ses héroïques vertus? Ne dut-il
pas l'interroger sur les secrets de la vie spirituelle appropriés aux frères prêcheurs? Ne
dut-il pas lui demander de mettre ces conseils par écrit, afin de les lire et de les relire?

Mais si la prière du Bienheureux André
Abellon n'a pas été l'occasion du beau travail
de saint Vincent Ferrier, nous ne doutons
pas du moins que notre Bienheureux n'ait
su profiter de ce trésor. Son zèle pour la
perfection religieuse le poussa vivement à se
procurer les pages d'un saint qu'il avait vu à
l'œuvre. Il lut avec une attention particulière
les observations et les conseils pleins de sa-
gesse, de discrétion et de ferveur qui rem-
plissent l'opuscule ; et cette lecture n'étant
point un acte de pure curiosité, mais étant
accompagnée d'un grand désir d'avancer dans
les voies de Dieu, il grava certainement dans
sa mémoire les enseignements précieux de
l'auteur, et il dut appliquer toute l'énergie
de sa bonne volonté à les réaliser dans sa
conduite.

L'histoire attribue au Pape Jean XXII cette
parole : « *Prouvez-moi qu'un religieux de
l'Ordre des Frères Prêcheurs a parfaitement*

observé sa règle , et je le canonise aussitôt. »
Le bienheureux André Abellon a rempli cette
condition si fondamentale. Il a mis en pratique les règles et les constitutions de son Ordre : il en a suivi la lettre : il en a possédé
l'esprit. Est-il étonnant qu'après sa mort Dieu
ait glorifié son serviteur par des miracles ?
Est-il étonnant que ses contemporains, témoins de ses vertus, aient conçu une si
grande estime à son égard et qu'i's lui aient
décerné si promptement les honneurs du
culte public? Est-il étonnant que la postérité
ait reçu fidèlement et transmis jusqu'à nos
jours le renom de piété, de régularité et de
sainteté qu'il possédait avec tant d'éclat,
lorsqu'il a quitté ce monde pour aller recevoir
la récompense éternelle de ses œuvres?

V. — *Les charges importantes exercées dans*
l'Ordre par le bienheureux André Abellon

Les fonctions auxquelles notre bienheureux
fut appelé dans l'Ordre pendant sa longue vie
confirment puissamment ce que nous venons
de dire de sa régularité exemplaire.

Il exerça à plusieurs reprises la charge de
Prieur, et, une fois au moins, il reçut du
Maître général de l'Ordre la délicate commission de travailler à la réforme de quelques
couvents de sa province.

En 1419, il était prieur du couvent de

sainte Marie-Madeleine à Saint-Maximin : il l'était une seconde fois en 1425. Dans les intervalles de cette charge, on lui avait aussi confié à diverses reprises le gouvernement du petit couvent de la Sainte-Baume.

Nous le retrouvons en 1438 prieur du couvent d'Aix-en-Provence : dix ans plus tard, en 1448, il était encore à la tête de cette maison.

Nos saintes règles exigent dans un supérieur de communauté une inviolable fidélité aux observances. Le législateur Dominicain a si bien compris la nécessité du bon exemple dans ceux qui exercent l'autorité que, parmi les cas de déposition d'un prieur, il met au premier rang, en quelque sorte, l'impossibilité où il se trouverait de suivre la vie commune, c'est-à-dire d'assister habituellement à l'office nocturne et aux repas conventuels, où l'abstinence perpétuelle est de rigueur. Le bien de l'Ordre exige qu'alors le supérieur soit déchargé de ses fonctions à cause de l'effet pernicieux que produirait sur ses inférieurs la vue de l'abandon extérieur des pratiques de la vie régulière.

Les religieux de sa province, connaissant le zèle du bienheureux André Abellon pour l'observance, fixèrent souvent leur choix sur lui. De leur côté, les supérieurs majeurs, à qui est dévolu le droit de confirmer les élections ou de les casser, applaudissaient au bon esprit des couvents qui faisaient de si bons choix. Ils voyaient là un signe de régénération pour l'avenir, et ils confirmaient avec empressement dans la charge de prieur un sujet qui présentait des garanties si consolantes de vertu, de science et de zèle.

Du reste, l'époque où vivait notre Bienheureux était un siècle de restauration morale. Une réaction puissante s'était élevée contre le relâchement des ordres religieux survenu à la suite de la peste noire de 1348, et favorisé par les troubles du grand schisme d'Occident. Le bienheureux Raymond de Capoue, confesseur de sainte Catherine de Sienne, commença ce mouvement aussitôt qu'il eut été mis à la tête de ses frères dans l'obédience de Rome. La même œuvre fut entreprise dans l'obédience d'Avignon par saint Vincent Ferrier et par plusieurs autres. Un des plus actifs et des plus habiles était le P. Barthélemi Texier, provincial de la province de Provence, et grand ami de notre Bienheureux. Ce religieux, aussi zélé qu'exemplaire, parvint à réunir sous l'obédience du général de Rome les provinces de l'ordre attachées jusqu'alors à la cause du Pontife d'Avignon. Il mérita d'être élevé au généralat en 1426.

Barthélemi Texier connaissait les mérites du bienheureux André Abellon, puisqu'il avait été son provincial pendant sept ans et qu'il l'avait confirmé deux fois prieur de Saint-Maximin. Il lui donna bientôt le titre de vicaire général , avec commission de visiter et de réformer plusieurs couvents de la Provence. Notre Bienheureux possédait sûrement ce titre en 1432 (1) , et les documents historiques nous enseignent qu'il s'acquitta de cette fonction à la satisfaction de ses frères et de celui qui lui avait donné cette marque d'estime et de confiance.

VI — *La précieuse mort du bienheureux André Abellon*

Les jours de notre Bienheureux, on le voit, furent des jours bien remplis. Le souverain dispensateur de tous les dons avait résolu de le conduire à la porte du ciel avec une mesure pleine et surabondante : il lui accorda jusqu'à une vieillesse avancée les forces du corps et celles de l'âme, afin que , s'appliquant plus longtemps aux bonnes œuvres, il ramassât une moisson de mérites plus considérable.

Ce laborieux ouvrier travailla donc environ un demi-siècle , sans se lasser, dans la vigne du Seigneur. L'âge n'amortissait pas le feu

______

(1) Ego frater Andræas Abelloni, vicarius R[mi] magistri generalis, etc. 1432. — Registres du couvent des Dominicains d'Arles, aux archives des Bouches-du-Rhône, à Marseille. Incepimus observantiam. 1436 (*Ib.*).

de son zèle. Les auditeurs subjugués l'écou-
taient avec un empressement toujours crois-
sant : car, semblable au père de famille cité
en exemple par Notre-Seigneur , il tirait du
trésor de ses études et de ses contemplations
des choses anciennes et nouvelles.

Les habitants d'Aix appréciaient avec justice les grandes qualités du vénérable vieil-
lard. L'aristocatie, la bourgeoisie, le peuple,
le clergé, les religieux du couvent d'Aix ho-
noraient à l'envi ses vertus, sa science et
son éloquente parole. Tous aimaient à l'entendre exposer du haut de la chaire sainte les
grandes vérités du salut. Ils ne manquaient
pas de recourir à ses lumières dans leurs
doutes: ils allaient avec confiance verser dans
son cœur le trop plein de leurs peines. L'homme de Dieu accueillait avec une grande cor-
dialité ceux qui lui demandaient son assistance. Il ne se contentait pas de donner à tous
et les bons conseils et les consolations spirituelles. Sa charité pourvoyait encore aux né-
cessités corporelles des malheureux. Parfois
il occupait ses loisirs à la peinture. Il faisait
de ses travaux le même usage que le bienheureux Angelico de Fiesole , son contemporain : le profit qu'il en tirait était consacré au
soulagement des pauvres.

Enfin, le temps arriva où le Seigneur, con-
tent des travaux de ce serviteur fidèle, voulut
lui accorder un repos et une récompense bien
légitimes. 1.

Dans tout le cours de l'année 1449, le Bienheureux avait prêché à Aix, dans l'église de son couvent, une série de discours extrêmement goûtés par la population de cette ville. En voyant les fruits qu'ils produisaient, l'homme de Dieu, vaincu par des prières réitérées, les continua, malgré ses fatigues, durant les premiers mois de l'année 1450, et il les conduisit jusqu'aux fêtes de Pâques. Il sentait bien ses forces physiques s'épuiser à la suite d'un si rude labeur. Mais l'amour de Dieu et l'amour des âmes, cet amour, plus fort que la mort, ne lui permit pas de balancer un instant devant le sacrifice de sa vie. « *Je sacrifierai tout volontiers, et je me sacrifierai encore moi-même pour vos âmes : Impendam et super impendar ipse pro animabus vestris.* » (II Corinth. XII, 15) : tel fut le cri de son âme apostolique.

Quelque temps après la fête de Pâque, le bienheureux serviteur de Dieu tomba gravement malade. Le 3 mai, jour de l'Invention de la Sainte Croix, Notre Seigneur lui envoya la croix de ses dernières souffrances. « *O bonne croix !* — s'écria le saint religieux, à l'exemple de l'apôtre dont il portait le nom révéré — croix désirée avec tant d'ardeur ! viens, que je t'embrasse et que je meure entre tes bras, comme mon Rédempteur et mon patron ! »

On employa, pour sauver le malade, tous

les moyens suggérés par la science médicale. Aucun ne réussit: le terme de l'épreuve était arrivé.

Le bienheureux Père supportait avec une parfaite résignation les douleurs qui accablaient son corps, et il fortifia son âme par les secours puissants que les institutions évangéliques fournissent à ceux qui vont entrer dans l'éternité. A la vue de la perte imminente dont ils étaient menacés, les habitants d'Aix étaient plongés dans la désolation, les religieux du couvent étaient en proie à l'abattement. Le bienheureux Père était le seul à se montrer satisfait et il consolait les autres.

La maladie dura seulement douze jours. Le 15 mai 1450, le bienheureux André Abellon rendit sa belle âme à Dieu.

Ce jour-là, le procureur du couvent n'eut aucune dépense à faire pour l'entretien des frères: la douleur dont ils étaient affectés leur avait ôté l'envie de la nourriture corporelle. Le pain des larmes fut leur unique aliment, et ils ne parurent point au réfectoire.

On voit par ce dernier trait combien le bienheureux André Abellon était chéri sur la terre.

VII — *Le culte public immémorial rendu au bienheureux André Abellon depuis sa mort jusqu'à nos jours*

Chéri de Dieu et des hommes, comme Moïse, notre Bienheureux partagea complétement les priviléges du saint prophète. La mémoire des hommes périt ordinairement avec leur corps : le tombeau ensevelit, pour ainsi dire, les renommées les plus illustres. Mais c'est l'héritage des saints d'échapper, même sur la terre, aux ravages de l'oubli. Le bienheureux André Abellon conserva après sa mort une mémoire bénie parmi les hommes. Le souvenir de ses vertus demeura de génération en génération, et provoqua des démonstrations très remarquables de vénération et de culte. L'éclat de prodiges opérés par son intercession confirma les peuples dans l'opinion qu'ils avaient conçue de sa sainteté, et c'est de la sorte que son culte public, commencé à sa précieuse mort, est parvenu jusqu'à nos jours, où il semble reprendre tout son éclat primitif.

On crut devoir, en premier lieu, ne pas le confondre avec les autres frères dans la sépulture commune. Son mérite exigeait un tombeau particulier. On creusa donc, dans l'église du couvent, au pied du maître-autel, du côté de l'évangile, une fosse où l'on déposa ses restes sacrés. On couvrit la fosse d'une pierre où l'on grava au ciseau l'image du Bienheureux ayant la tête ornée de rayons de gloire, et autour, sur les bords, on grava également l'inscription suivante en caractères gothiques : *Hic jacet corpus beati Andreæ Abellonii, Ordinis Fratrum Prædicatorum, qui magnis claruit miraculis, obiitque in anno Domini 1450, XV Maii.* Ici repose le corps du bienheureux André Abellon, de l'Ordre des Frères Prêcheurs, qui brilla par de grands miracles, et mourut l'an du Seigneur 1450, le 15 mai.

Le cachet archéologique de ce monument, dont la principale pièce subsiste encore, montre qu'il fut érigé avant la fin du XVe siècle.

Un auteur fait cette remarque : « On affecta expressément le côté de l'évangile, et l'endroit sur lequel on le chantait ordinairement pour marquer que ce fameux prédicateur avait parfaitement rempli son ministère. » (*Hist. de la ville d'Aix*, par de Haïtze, mss., livre 5, § 55.)

Le même auteur ajoute (*ib*) « Comme on avait heureusement expérimenté que la poussière de son cercueil était d'une efficacité singulière pour la guérison des maladies, il fallut, pour contenter le désir du peuple, laisser une ouverture sur son tombeau, afin qu'on pût continuellement profiter de ce secours. (L'ouverture était protégée par une grille). La dévotion du peuple s'augmentant de jour à autre, elle fit dresser en moins d'un mois un autel à ce saint religieux et y fit appendre des lampes. »

Un habitant de Rome ayant obtenu un miracle par l'intercession du bienheureux Père, vint le remercier à son tombeau et y fit brûler une torche en signe d'honneur et de reconnaissance. Le 6 juin 1450, on alluma une lampe devant le sépulcre. Une note du 18 avril 1451 mentionne de nombreux *ex-voto* représentant les miracles du saint personnage et suspendus à son tombeau.

On fit aussi une autre image du Saint et on la plaça avec une inscription derrière le maître-autel de l'église. Selon le témoignage de l'historien de l'Eglise d'Aix, elle y était encore en 1668. Un procès juridique, dressé par les ordres de Mgr. l'archevêque d'Aix en 1857, constate irréfragablement qu'en 1789 la lampe du bienheureux André Abellon brûlait constamment devant son tombeau.

La révolution s'acharna à profaner l'église où notre Bienheureux avait ses reliques et son culte. Elle fit de ce lieu sacré le temple impur de la déesse *Raison*. Autrefois, à Jérusalem, sur le sépulcre même de Notre-Seigneur, un empereur païen avait érigé une statue à l'infâme divinité des voluptueux. L'impiété du dix-huitième siècle fit le même outrage au tombeau du bienheureux André Abellon : elle le couvrit d'un monceau de ruines, sur lequel elle dressa la statue sacrilége de la divinité en vogue.

Lorsque la Religion fut rétablie, les Pères de l'Ordre de Saint-Dominique ne recouvrèrent point leur église, dont on fit une paroisse. Cependant les survivants, obligés par les circonstances à demeurer dans le siècle, ne manquèrent pas de réclamer, aussitôt que l'Eglise fut rouverte, que l'on déblayât le terrain sous lequel était enfoui le sépulcre du Bienheureux. La pénurie des ressources ne permit pas que l'on travaillât alors à cette œuvre de légitime réparation. La mémoire du Bienheureux ne fut pas plongée toutefois dans l'oubli. Les habitués de l'église connaissaient le lieu de la sépulture et ils souhaitaient vivement qu'elle reparût aux yeux des fidèles pour recevoir les justes hommages des générations présentes. Ils continuaient ainsi la chaîne ininterrompue du culte traditionnel.

Aussi, lorsque en 1845 le zélé pasteur de la paroisse, M. le chanoine Florens, faisant exécuter dans le sanctuaire de son église des embellissements importants, eut fait l'invention des saintes reliques du bienheureux André Abellon, tous ces anciens souvenirs se réveillèrent avec une force merveilleuse et la vénération des fidèles envers le Bienheureux, qui était assoupie par le malheur des temps, comme un feu caché sous la cendre, éclata d'une manière extraordinaire.

On voulut, et avec raison, mettre désormais à l'abri des injures du temps les reliques, le culte et le souvenir du bienheureux André Abellon, et l'on s'adressa au suprême pasteur du Diocèse. Par l'autorité de Mgr Chalandon, archevêque d'Aix, les reliques du Bienheureux furent authentiquement reconnues : elles furent de nouveau, par son ordre, exposées à la vénération publique des fidèles, ainsi que la pierre de son tombeau où est représentée son image ornée de rayons de gloire. Sur un des côtés du nouveau monument on grava en lettres d'or ces paroles : *Ossa beati Andreæ Abellonii.* — *Ossements du bienheureux André Abellon.*

Depuis cette époque, les fidèles n'ont point cessé de donner à l'illustre serviteur de Dieu des témoignages publics de leur piété. Les uns font brûler des cierges devant son tombeau, d'autres y allument des lampes. On y célèbre aussi des neuvaines. Tous les ans, le 15 mai, anniversaire de son heureux trépas, et les huit jours qui suivent, il y a un grand concours auprès de ses reliques. C'est alors surtout que les signes de la vénération publique sont multipliés. Chaque jour de l'octave on récite à haute voix, au nom de ceux qui sont rassemblés, une prière au serviteur de Dieu pour lui demander ses suffrages.

En 1859, l'ordre des Frères Prêcheurs demanda au Saint-Siége l'approbation du culte public immémorial rendu à notre cher Bienheureux. C'est un cas excepté par la bulle du pape Urbain VIII. La cause n'est pas encore terminée ; mais nous en avons la ferme confiance. dans un avenir prochain le Saint-Siége exaucera nos vœux pour la glorification du bienheureux André Abellon.

DEUXIÈME PARTIE

—

LE CULTE DU BIENHEUREUX ANDRÉ ABELLON

SECTION PREMIÈRE

Neuvaine au Bienheureux André Abellon

(Cette neuvaine commence le 6 mai)

A chaque jour de cette Neuvaine, sont attachés 40 jours
d'indulgences par Mgr l'Evêque de Fréjus.

PREMIER JOUR

Le Bienheureux André Abellon protégé par sainte Marie-Madeleine

1 — *Le Bienheureux vient au monde sous les
auspices de sainte Marie-Madeleine.*

Nées d'un souffle divin, les institutions de
l'Eglise Catholique manifestent les plans de
la Providence dans l'affaire importante du salut des hommes. Ainsi, l'épouse mystique de

Jésus-Christ assigne à chaque lieu distinct un saint ou une sainte que les habitants doivent honorer d'un culte spécial ; elle sait que ce saint ou cette sainte deviendront auprès du trône de Dieu les avocats de la contrée mise sous leur protection particulière.

La patronne principale de la ville de Saint-Maximin est Marie-Madeleine, dont les reliques reposent en cet endroit. Cette sainte est la mère, l'avocate, la protectrice des habitants du pays. Toutes les fois que sur ce territoire un enfant ouvre les yeux à la lumière, Marie-Madeleine accueille sa naissance avec joie et du haut du ciel répand sur lui sa puissante protection.

Lors donc que le Bienheureux André Abellon vint au monde, notre grande Sainte dut jeter sur lui un regard d'amour d'autant plus tendre que l'enfant était destiné à devenir un grand saint.

II — *Le Bienheureux éprouve toute sa vie la protection singulière de sainte Marie-Madeleine.*

Où est-il admis à la société des enfants de Dieu par le baptême ? Dans la basilique de la Sainte. Où reçoit-il l'enseignement chrétien ? Où participe-t-il aux écoulements de la grâce qui nous viennent par les sacrements ? Dans le même sanctuaire.

Quelles ardentes prières, dans tout le cours

de sa vie notre Bienheureux n'a-t-il pas répandues aux pieds des reliques de la sainte à Saint-Maximin, et devant la sainte pénitence, à la Sainte-Baume, qui fut durant trente ans l'asile miraculeux de la pécheresse transformée en Séraphin ! Aussi avec quelle complaisance, du haut du ciel, Marie-Madeleine ne devait-elle pas contempler son fidèle serviteur ! Elle écoutait ses demandes, elle exauçait ses désirs, elle obtenait en sa faveur les diverses grâces qui contribuèrent à sa sanctification.

III — *Le Bienheureux meurt sous les ailes de sainte Marie-Madeleine.*

Un grand religeux de notre siècle écrivait ces paroles dans le dernier livre émané de son génie : « — Puissé-je écrire ici ma dernière ligne, et comme Marie-Madeleine, l'avant-veille de la passion, briser aux pieds de Jésus-Christ, le frêle, mais fidèle vase de mes pensées ! » (1) — Le P. Lacordaire fut exaucé.

Le bienheureux André Abellon avait formé des désirs semblables. « — J'ai commencé ma carrière sous les auspices de sainte Marie-Madeleine, disait-il, et je voudrais bien la

____

(1) Sainte Marie-Madelcine, par le R. P. Lacordaire, épilogue.

terminer sous le même patronnage! » — Ce désir fut rempli. Une ville qui reconnaît la Sainte pour son apôtre recueillit les derniers accents de sa voix apostolique : il exhala son dernier soupir dans un couvent où la Sainte était honorée d'un culte spécial, et il tomba malade vers l'époque où les églises de Provence célèbrent la fête de la découverte de ses reliques.

Oh ! sans doute Marie-Madeleine accourut vers l'âme du Bienheureux André lorsqu'elle quitta la terre : sans doute elle la présenta elle-même à Jésus-Christ ; sans doute elle l'introduisit elle-même dans les tabernacles célestes.

PRIÈRE

O Bienheureux André, obtenez-nous la grâce de répondre fidèlement aux intentions maternelles de l'Eglise lorsqu'elle nous donne les saints patrons. Qu'à votre exemple, nous les invoquions avec ferveur, et puisse leur protection, du commencement à la fin de notre carrière, briller toujours sur nous et nous sauver ! Ainsi-soit-il.

—

DEUXIÈME JOUR

Le Bienheureux André Abellon, appelé à l'état religieux dans l'ordre de Saint-Dominique

I — *Le Bienheureux André renonce généreusement au siècle.*

Sainte Marie-Madeleine obtint pour son protégé la grâce de connaître les imminents dangers qui entourent l'âme dans ce monde et le vif désir de s'y soustraire. Considérant donc combien il était difficile de faire son salut au milieu des occasions du péché dont le siècle est rempli, le serviteur de Dieu résolut d'échapper à son empire. Les créatures s'opposèrent inutilement à ce dessein généreux. Elles promettaient au jeune homme le succès, la gloire, les richesses et les plaisirs. Doué de grandes qualités naturelles, plein d'intelligence et d'activité, il ne pouvait manquer de réussir dans le monde. Toutes ces espérances trouvèrent le cœur d'André insensible. Il visait plus haut: Dieu seul était l'objet de son désir. Les anges et les hommes virent avec admiration notre pieux adolescent fouler la terre à ses pieds et mépriser ses frivolités mensongères.

II — *Le Bienheureux André embrasse l'état religieux.*

L'état religieux constitue la manière la plus étendue et la plus complète de se donner au Créateur. Ailleurs il y a des réserves : là on sacrifie tous les biens matériels par le vœu de pauvreté, on immole son corps par le vœu de chasteté, et l'on consomme l'holocauste, en détruisant, pour ainsi dire, l'âme, par le vœu d'obéissance. Certes, voilà bien la meilleure part. Pour une âme profondément atteinte de la blessure du divin amour, entrevoir la possibilité d'un si beau sacrifice, c'est concevoir aussitôt le désir de l'exécuter ; et si elle ne peut le réaliser promptement, elle soupire du moins avec ardeur après le moment où il lui sera donné de prendre des engagements irrévocables et de s'enlacer à son Dieu par des liens que rien ne pourra plus rompre.

Tels furent les sentiments de notre Bienheureux Père, lorsqu'il se détermina à prendre un état de vie. Le cloître se présenta à ses regards, entouré des austères séductions qui attirent une grande âme. Il s'écria avec le Psalmiste : « — Ma voie est tracée ; je veux être à Dieu sans réserve : la maison du Seigneur est mon asile ; voilà mon repos dans les siècles des siècles ; c'est là que je veux habiter, selon mon choix. » —(Ps. CXXXI.)

III — *Le Bienheureux se donne à Dieu dans l'ordre de Saint-Dominique.*

Mais il y a plusieurs demeures dans la maison du Père de famille. Parmi ces demeures le fervent jeune homme choisit celle qu'habitent les Frères-Prêcheurs.

Sa dévotion à sainte Marie-Madeleine ne dut pas exercer une influence médiocre sur ce choix. Les enfants de Saint-Dominique sont les serviteurs affectionnés de la Sainte. Marie-Madeleine a voulu s'appeler leur *sœur*, et elle les a pris sous son patronnage puissant.

Le Bienheureux entra d'instinct dans leur Ordre, présumant à juste titre que, sous leur étendard, il servirait mieux que partout ailleurs sa Sainte de prédilection.

Une autre raison dut influer encore sur son choix. Il aimait la science, l'étude, la simplicité et l'austérité de la vie. Rien ne pouvait mieux répondre à son idéal. L'Ordre des Frères-Prêcheurs est l'ordre de la vérité ; les études théologiques y ont toujours été florissantes ; et dans cet Ordre, par une combinaison rare et merveilleuse, on sait allier les sévérités de la vie claustrale avec les travaux de l'apôtre. Notre Bienheureux dut y être attiré comme saint Antonin, archevêque de Florence, qui vivait dans le même siècle, et dont il est écrit dans son office : « — Il

choisit entre les autres, l'Ordre des Prêcheurs
afin de s'appliquer plus ardemment aux lettres sacrées et à une vie sainte. » — (1)

PRIÈRE

O Bienheureux confesseur, qui avez généreusement
méprisé les vanités de ce monde, pour vous consacrer
entièrement à Dieu dans l'ordre des Frères-Prêcheurs,
priez pour la jeunesse, afin que Dieu l'assiste dans le
choix de sa vocation. Aidez dans l'accomplissement de
leur dessein ceux qui sont appelés à l'état religieux ; mais
n'oubliez pas cependant ceux qui doivent rester dans le
siècle, car ils ont besoin d'une grâce très puissante pour
sauver leur âme au milieu de tant de périls. Ainsi soit-il.

TROISIÈME JOUR

**Le Bienheureux André Abellon fidèle
jusqu'à la fin dans la voie parfaite.**

I — *Le Bienheureux surmonte les épreuves
du noviciat.*

Aux jeunes imaginations la vie religieuse
apparaît de loin comme l'idéal du bonheur.
Mais l'essai de cette vie détrompe les esprits

(1) Prædicatorum ordinem —eligit inter cæteros, — ut
litteris et moribus — incumberet ardentius. Offic. S. An-
tonini, 10 maii — Brev. Ord Præd.

téméraires, qui, passant d'une extrémité à l'autre, considèrent l'état religieux comme la pire des conditions. Combien se découragent et retournent dans le siècle, lorsqu'il faut se mettre à l'œuvre sérieusement, commander à ses yeux de ne plus regarder en arrière, à son corps de renoncer aux aises de la vie, à sa volonté de mourir à elle-même, lorsqu'il s'agit, en un mot, de prendre sa croix et de la porter !

Notre Bienheureux ne fut pas le jouet de ces illusions. En prenant l'habit de l'Ordre, il savait qu'il allait se condamner à un sacrifice perpétuel. Aussi, en entrant au noviciat, il laissa dehors le vieil homme avec toutes ses convoitises. On le vit s'exercer courageusement aux abstinences, aux jeûnes, aux veilles et aux oraisons. Il demeura avec la docilité d'un enfant entre les mains du maître des novices, et il se forma à toutes les pratiques de la vie régulière.

Dieu bénit ces vertueuses dispositions, et le jeune frère eut la joie de prononcer les vœux de la profession solennelle.

II — *Le Bienheureux se montre un excellent inférieur.*

L'état religieux est la voie de la perfection. En y entrant, on doit s'appliquer à en atteindre le sommet. Un religieux doit toujours marcher en avant et faire des progrès continuels. Il ne peut demeurer stationnaire, car, dit saint Bernard, ne pas avancer, c'est reculer.

Or l'obéissance est le grand moyen de croître indéfiniment en sainteté. Tout le secret de la perfection est renfermé dans l'obéissance à la Règle et dans l'obéissance aux supérieurs conformément à la Règle.

Notre Bienheureux suivit cette voie royale. Fidèle aux prescriptions de l'observance, il s'appliqua avec un grand soin à accomplir les commandements des supérieurs. L'obéissance dirige ses études et sanctifie ses succès dans la science divine : l'obéissance lui impose le ministère de la prédication, et il l'exerce avec zèle. Peu lui importe le couvent qu'il doit habiter: le meilleur pour lui est le couvent que l'obéissance lui assigne.

L'affection du saint religieux pour l'obéissance était si grande, qu'il renonça plusieurs fois à la supériorité, afin de vivre dans le rang des inférieurs.

III — *Le Bienheureux se montre un supérieur selon le cœur de Dieu.*

Les supériorités sont des écueils. Pour les exercer convenablement il faut joindre ensemble plusieurs qualités opposées : la fermeté et la douceur, la justice et l'indulgence, la vigilance perpétuelle et la sage tolérance de certains abus, la sévérité pour les uns et les ménagements pour les autres. On doit tout à la fois se faire aimer et se faire craindre : difficulté excessive, qui justifie cette parole de saint Grégoire : *Le gouvernement des âmes est l'art des arts.*

Excellent inférieur, le bienheureux André Abellon fut encore un supérieur de grand mérite. Ses frères le devinèrent et le reconnurent bientôt par l'expérience. Aussi lui confièrent-ils souvent, par leur libre suffrage, la direction des communautés.

PRIÈRE

O bienheureux Père , qui avez marché avec tant de constance dans la voie de la perfection dès le commencement de votre carrière religieuse, priez pour nous , afin que, à votre exemple, fermement résolus à nous sanctifier, nous nous appliquions sans relâche à notre progrès spirituel. Ainsi-soit-il.

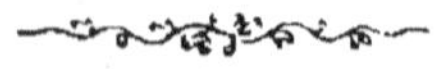

QUATRIÈME JOUR

Le bienheureux André Abellon profitant de ses rapports avec Saint Vincent Ferrier pour devenir meilleur de jour en jour

1 — *Notre Bienheureux écoute avec une vive attention les prédications de saint Vincent Ferrier.*

La présence du grand apôtre du quinzième siècle provoquait partout où il passait un concours extraordinaire d'auditeurs. Certes notre Bienheureux, qui habitait les couvents d'Aix et de Marseille lorsque saint Vincent Ferrier y prêcha, ne se laissa pas surpasser en zèle par les laïques, et il dut accourir avec un grand empressement à ses discours. Représentons-nous l'effet admirable des paroles de l'homme de Dieu dans le cœur du bienheureux André. Les pécheurs les plus endurcis ne résistaient pas à l'éloquence de cet organe de l'Esprit-Saint. Quels effets salutaires ne durent pas produire les exhortations de Vincent Ferrier dans un cœur aussi bien disposé que celui de notre saint auditeur !

De pareils discours demeurèrent toute la vie gravés dans l'âme du Bienheureux, et l'excitèrent sans relâche à travailler à sa sanctification personnelle et à l'avancement du royaume de Dieu dans les âmes.

II — *Notre Bienheureux examine avec une louable curiosité la vie intime du Saint.*

En dehors des exercices du ministère sacré, Vincent Ferrier se montrait un homme intérieur, plein de recueillement, adonné à l'oraison, au silence, à l'étude. Le Bienheureux vit avec une grande édification combien le prédicateur conformait sa conduite à ses exhortations. Il admira surtout sa mortification extraordinaire qui, malgré d'accablants travaux, lui interdisait toute dispense d'abstinence et de jeûne et le portait à crucifier son corps par les privations et les disciplines sanglantes.

Un si bel exemple ne pouvait manquer d'impressionner profondément ceux qui le voyaient, Il fut pour notre Bienheureux un perpétuel aiguillon qui le détermina à joindre toujours à l'efficacité de la parole apostolique l'auxiliaire puissant d'une sainte vie.

III — *Le Bienheureux puise dans ses entretiens avec saint Vincent Ferrier de grandes lumières pour son avancement intérieur.*

Vincent Ferrier eut dans l'Ordre de nom-

breux disciples, qu'il forma à la vie intérieure, aux pratiques de l'observance régulière et au ministère de la divine parole.
C'est à l'un d'eux (peut-être au bienheureux
André), qu'il laissa, en faveur de tous, *le
Traité de la Vie spirituelle*, renfermant l'a-
brégé des conseils qu'il leur adressait.

Ce petit livre contient la substance des entretiens du saint avec notre Bienheureux,
l'un de ses disciples les plus éclairés et les
plus fervents. Bien des détails sur la vie du
bienheureux André ne nous sont point parvenus. Le livre de saint Vincent Ferrier
supplée à cette indigence de documents. Tous
le conseils qui s'y trouvent ont été mis en
pratique par notre saint religieux.

Quel maître ! quelle école ! quels progrès
spirituels dans les heureux disciples du grand
homme ! Oh ! qu'il fait bon connaître les
saints, écouter leurs enseignements et recevoir leurs corrections !

PRIÈRE

Bienheureux André, je vous félicite du bonheur que
vous avez eu de connaître un saint dans le cours de votre
vie ! je vous félicite des avantages que vous avez su tirer
pour le profit de votre âme et pour le bien du prochain
des prédications, des entretiens et des exemples de l'illustre Vincent Ferrier. Obtenez-nous la grâce d'étudier
soigneusement la vie des saints, afin que nous y trou-
vions les mêmes résultats. Ainsi soit-il.

CINQUIÈME JOUR

L'amitié fructueuse du bienheureux André Abellon avec Barthélémi Texier, d'abord provincial de Provence et puis général de tout l'ordre de Saint-Dominique

1 — *L'amitié des deux saints personnages dans sa première période.*

Barthélémi Texier, né à Draguignan en 1379, et mort à Lyon en 1449, parcourut une carrière parallèle à celle du bienheureux André, et ils se rencontrèrent souvent à côté l'un de l'autre. Etant du même âge et de la même province, ils durent se trouver ensemble au noviciat et sur les bancs de l'école. Tous les deux étaient de dignes enfants de Saint-Dominique, réservés par la divine Providence pour faire beaucoup de bien à leur Ordre. Les historiens ont fait du premier le plus grand éloge (1). Sa sainteté, d'après l'un d'eux, fut attestée par des miracles pendant

(1) Erat Bartholomæus vir strenuus, vitæ sanctimonia et religiosæ observantiæ famæ in ordine præclarus. Fontana. Monum. Dominicana — p. 319 — col. 1. v. Touron, hommes illustr. T. III, p. 488 § 1.

sa vie et après sa mort (1). Ces témoignages rejaillissent en quelque sorte sur notre Bienheureux, qui mérita l'amitié d'un religieux si éminent et si zélé pour la promotion de l'observance.

II — *L'amitié des deux saints personnages dans sa deuxième période.*

En 1419, Barthélémi Texier, âgé de 40 ans, fut élu provincial de la province de Provence, et il occupa cette charge durant sept ans, c'est-à-dire jusqu'à son élection au généralat en 1426.

Pendant cette période, le bienheureux André seconda efficacement le zèle du chef de la province ; car il exerça, durant ce temps, ou la charge de prieur au couvent de Saint-Maximin, ou celle de vicaire au pélerinage de la Sainte-Baume. Il appuyait sans aucun doute de son influence les réglements proposés dans les chapitres provinciaux par le réformateur ; et dans les visites canoniques de ce dernier, il lui prêtait un puissant concours dans les mesures propres à établir l'observance régulière.

Voilà la véritable amitié : elle n'est vraiment utile que dans le bien et pour le bien.

(1) Bartholomæus Texerius, vir moribus, sanctimonia, scientia et religione ornatus ... claruit miraculis adhuc vivens et post mortem—Leander Albertus — l. 1. p. 44.

Celle de nos deux zélés supérieurs fut, pour la province de Provence, féconde en excellents fruits.

III — *L'amitié des deux saints personnages dans sa troisième période.*

Lorsque le vertueux Barthélémi Texier eut été élevé, en 1426, à la charge de Maître-Général des Frères Prêcheurs, il n'oublia pas, au milieu de ses sollicitudes plus vastes, la province dont il était le fils : et désirant contribuer de plus en plus au rétablissement de l'observance dans son sein — œuvre considérable, commencée pendant son provincialat, — il jeta les yeux sur le bienheureux André Abellon comme sur un auxiliaire plein de zèle, et il lui envoya à cet effet les pouvoirs de vicaire général.

Honoré d'une si grande marque de confiance, notre Bienheureux s'étudia à remplir exactement la mission qui lui était donnée. Il fit la visite des couvents de sa province, et, s'appliquant avec prudence, force et douceur, à faire disparaître les abus, il eut la consolation d'introduire dans plusieurs communautés un parfait retour à la vie régulière prescrite par les constitutions de l'Ordre.

Perpétuellement unis sur la terre dans la charité de Notre-Seigneur, les deux zélés religieux entrèrent dans l'éternité à peu de distance l'un de l'autre. Ils se sont retrouvés dans le cœur du divin Maître, dont le sang avait cimenté leur sainte liaison: consommée en Dieu maintenant, cette amitié n'aura jamais de fin.

PRIÈRE

Il est bon, il est doux pour des frères de vivre ensemble et d'avoir les mêmes sentiments! (Ps. cxxii). Vous avez joui de ce précieux avantage, ô bienheureux André! Sur le chemin de la vie se sont présentés à vous des cœurs remplis de l'esprit de Dieu, et leur amitié vous a soutenu dans la pratique de la perfection. Eloignez de nous, s'il vous plaît, par votre intercession salutaire, les faux amis et les conseillers dangereux. Faites-nous, au contraire, trouver sur la route des amis véritables, désintéressés et toujours disposés à nous prêter leur assistance pour faire le bien. Ainsi soit-il.

SIXIÈME JOUR

Le zèle du bienheureux André Abellon pour faire fleurir dans son Ordre l'observance régulière

I — *Le zèle du Bienheureux pour l'observance fut un zèle ardent.*

Il considérait avec raison combien l'observance est nécessaire aux Instituts religieux, soit pour la sanctification de leurs membres, soit pour l'accomplissement de leurs destinées dans l'Eglise.

Un religieux infidèle aux règles de son ordre ne peut se sanctifier. Ces règles contiennent précisément les moyens qui l'aideraient dans cette œuvre capitale. S'il les néglige, il vivra donc continuellement dans l'imperfection. Il portera le nom de religieux, mais il ne le sera pas en réalité, parce qu'il n'en aura pas l'esprit.

Et puis, comment un religieux tiède et sans vertu accomplirait-il la destinée marquée à son Ordre dans l'Eglise? Ne sera-t-il pas plutôt semblable au sel affadi, rendu inutile et jeté dehors, où il est foulé aux pieds par les hommes? Ne ressemblera-t-il pas aux vierges folles, dont la lampe ne luisait pas dans les ténèbres, faute d'huile?

Abstraction faite de leurs qualités naturelles, les religieux observants se font toujours du bien à eux-mêmes, et ils en font aux autres.

Ces vérités, profondément méditées par notre Bienheureux, embrasaient son cœur et lui inspiraient un grand courage pour travailler à l'augmentation et à l'extension de l'observance.

11 — *Le zèle du bienheureux André Abellon pour l'Observance fut un zèle prudent.*

L'ardeur est défectueuse si elle n'est tempérée et réglée par la prudence. Faute de ce correctif, des personnes d'ailleurs très zélées compromettent le succès du bien. Il n'est pas facile, en effet, d'arracher les âmes aux douceurs d'une vie sensuelle, dont elles avaient contracté l'habitude. Quiconque veut les retirer de leur torpeur doit user de précautions infinies. On commettrait une grave imprudence en les secouant trop brusquement. Cette violence morale les choque : elles résistent, deviennent ombrageuses, se livrent à l'esprit de contradiction : toute influence est perdue sur elles, et l'on ne peut plus leur faire aucun bien.

Notre Bienheureux, instruit sur ces faiblesses de l'humanité, évita l'écueil de la précipitation. Il ne brusqua jamais les esprits, sut attendre patiemment l'heure opportune, se garda bien d'exiger du premier coup la pratique la plus rigoureuse de la Règle ; mais, commençant par détruire les abus qui lui paraissaient les plus graves, il s'étudia avec succès à conduire par degrés les religieux de sa province à une observance plus étroite.

III—*Le zèle du Bienheureux pour l'Observance fut un zèle persévérant.*

Celui qui fait l'œuvre de Dieu ne doit point se décourager. Au contraire, il faut espérer toujours avec une pleine confiance le secours du Ciel. Plus le travail est ingrat et semble stérile, plus il convient de mettre une grande constance à le poursuivre. Cela plaît à Dieu et parvient à lui arracher, pour ainsi dire, des grâces presque impossibles à obtenir.

Le bienheureux André n'eut pas une peine médiocre à persuader aux religieux négligents dans l'observance la nécessité d'en pratiquer fidèlement toutes les prescriptions. Il parla, il pria, il insista, et plusieurs fois en vain. Les refus, les délais, les prétextes ne diminuaient point sa patience. Il tenait bon, il redoublait de ferveur dans ses prières, et puis il renouvelait ses exhortations et ses supplications, auxquelles il ajoutait les réprimandes et les châtiments que la discrétion de son zèle lui suggérait.

Par ces procédés, le Bienheureux sauva beaucoup de ses frères en les retirant de leur assoupissement spirituel et il en aida un grand nombre d'autres à acquérir un degré de sainteté plus élevé.

PRIÈRE

O Bienheureux père qui, brûlant du feu sacré de la

charité envers vos frères, avez travaillé avec tant d'ardeur, de prudence et de constance à les conduire dans la voie du salut par l'entière observance des Règles de l'Ordre, demandez pour nous au Seigneur d'être fidèles aux devoirs de notre état, chacun selon notre vocation. Ainsi soit-il.

SEPTIÈME JOUR

Le zèle du bienheureux André Abellon pour la sanctification du peuple chrétien

1. — *Combien fut tendre le zèle du Bienheureux pour le salut des âmes.*

« Parlez de telle manière qu'on voie, pour ainsi dire, vos paroles partir du cœur et sortir des entrailles de la charité, d'un amour tendre comme celui d'un père qui s'afflige des fautes de ses enfants, qui les pleure lorsqu'ils sont malades, et qui se désole lorsqu'ils sont tombés dans quelque précipice affreux; d'un père, dis-je, qui fait tous ses efforts pour les retirer de tous ces périls, et même d'une mère qui apporte tous ses soins pour leur conservation, qui se réjouit de leur avancement et de l'espérance qu'ils ont d'avoir part à la gloire de l'éternité. » Telle est la leçon excellente adressée par saint Vincent Ferrier dans le *Traité de la vie spirituelle*, chapitre XI, à tous les prédicateurs. Notre Bienheureux la saisit, la grava dans son âme, et ce fut en la pratiquant qu'il posa l'élément fondamental de ses grands succès oratoires.

II. — *Combien fut énergique le zèle du Bienheureux pour le salut des âmes.*

La charité qui débordait dans ses exhortations ouvrait au bienheureux André la porte de tous les cœurs. Une fois maître, pour ainsi dire, de la position, il employait avec une grande force les autres moyens propres à lui faire atteindre le but proposé, soit la conversion des pécheurs, soit l'avancement des justes dans des voies meilleures. Il mettait surtout en œuvre le ressort puissant de la crainte. La peinture des jugements sévères de Dieu lui servait à jeter l'épouvante dans le cœur du pécheur endurci. La mort, la responsabilité des moindres actes, l'enfer et ses peines éternelles se déroulaient dans ses discours en tableaux qui excitaient une salutaire frayeur. Les consciences étaient émues, les larmes coulaient des yeux, les pécheurs rentraient en eux-mêmes. Les vindicatifs abjuraient leurs ressentiments; les sensuels renonçaient à leurs voluptés criminelles et prenaient une ferme résolution de changer de vie. Les justes eux-mêmes se sentaient pénétrés d'une componction nouvelle et s'appli-

quaient avec ardeur aux œuvres de la pénitence chrétienne.

III. — *Combien fut infatigable le zèle du Bienheureux pour le salut des âmes.*

En voyant les bénédictions attachées à sa
parole et l'avidité des peuples à l'écouter, le
bienheureux André, s'oubliant lui-même
complétement et ne calculant pas la mesure
de ses forces, était prêt à mourir à la peine,
puisqu'il s'agissait de glorifier Dieu et de faire
du bien à ses frères.

Il en arriva ainsi. Notre saint prédicateur
tomba en quelque sorte les armes à la main.
Quinze jours avant son trépas, on entendait
encore sa voix éloquente dans la chaire de
vérité. On ne se lassait point de venir l'entendre : il ne se lassait point de parler. Toute
sa vitalité était consacrée au service des
âmes. Il la dépensa jusqu'au dernier souffle
pour leur amour. Son zèle le conduisit aux
portes du tombeau, son zèle dévora son
existence.

O beau sacrifice, qui rendit le bienheureux
André semblable au divin pasteur donnant
sa vie pour son troupeau ! Sacrifice héroïque,
digne de l'admiration du ciel et de la terre !
Nous vous remercions, ô Dieu tout-puissant,
d'avoir suscité parmi nous un dévouement
aussi parfait ! Soyez-en béni à jamais, ainsi
que votre fidèle serviteur !

PRIÈRE

O bienheureux André, continuez par vos efficaces intercessions à faire aux générations présentes le bien que vous avez fait à nos ancêtres. Demandez pour nous à Dieu la pureté de la foi catholique, l'horreur du mal, la conversion du cœur, l'amour de Dieu et la parfaite observation de ses lois, condition indispensable de notre salut.

Ainsi soit-il.

HUITIÈME JOUR

Le culte du bienheureux André Abellon dans le passé

I. — *Le culte du Bienheureux inauguré par ses contemporains.*

A peine mort, notre Bienheureux répandit dans la ville d'Aix et dans les contrées environnantes un parfum de sainteté qui réjouit les cœurs des fidèles. Dès lors il s'établit une persuasion générale que l'homme de Dieu, victime de sa charité héroïque, avait reçu du juste Juge sans aucun retard la digne récompense de son dévouement, et qu'il occupait dans le ciel, parmi les apôtres, la place qu'il y avait conquise pas ses travaux. Cette persuasion, née du Saint-Esprit, fut confirmée par le témoignage des prodiges. Une multitude de malades trouvèrent leur guérison auprès du tombeau du Bienheureux. Aussitôt on invoqua publiquement son assistance, et l'on dressa en son honneur de nombreuses marques de culte ecclésiastique.

II — *Un signe du ciel en 1634.*

Fidèle héritière des antiques traditions, la postérité maintint constamment l'auréole des saints sur le front de notre Bienheureux, et la poussière de son sépulcre continuait à guérir les malades. Cependant un temps arriva où le culte, sans être détruit entièrement, fut diminué et amoindri, selon les termes d'un ancien historien (1). On eut le tort de placer, à côté de cette sépulture insigne, des tombeaux qui ne méritaient pas un pareil honneur, et depuis lors, on le remarqua, la poussière du sépulcre du Bienheureux ne produisait pas les effets accoutumés. Tel un astre brillant souffre pendant sa course une éclipse de quelques heures.

Ces faits regrettables avaient lieu au commencement du dix-septième siècle. Mais en 1634, la dévotion des fidèles fut ranimée par un prodige. Dans le cours de cette année, on sentit un jour s'exhaler dans toute l'église une

(1) De Haitze. — Hist. manusc. de la ville d'Aix.

odeur céleste qui réjouissait les cœurs et les portait à la piété. En recherchant la cause du phénomène, on découvrit que cette odeur partait du sépulcre du Bienheureux. Pour répondre à cet avertissement d'en haut, on résolut de faire l'élévation des saintes Reliques en leur donnant une place plus honorable. Une maladie de l'archevêque d'Aix, qui devait faire la cérémonie, empêcha cette translation. Mais le miracle servit du moins à raviver la précieuse mémoire du bienheureux André et à donner plus de relief aux honneurs publics rendus à sa sépulture par les religieux du couvent et les fidèles qui fréquentaient leur église.

III — *Le culte du Bienheureux en 1789.*

Au moment du cataclysme révolutionnaire, le bienheureux André était toujours en possession régulière d'un culte public dans l'église de sainte Marie-Madeleine d'Aix. Son sépulcre n'avait été ni déplacé, ni dégradé ; la pierre où son image était gravée avec des rayons de gloire autour de la tête et une inscription constatant ses droits à la vénération des fidèles, le couvrait toujours. L'ouverture, fermée par une grille, était aussi toujours disposée de manière à permettre aux malades de satisfaire leur dévotion, en prenant la poussière miraculeuse qu'il renfermait. Enfin, de nombreux et incontestables témoignages, juridiquement recueillis , attestent qu'en l'honneur de ces Reliques brûlait nuit et jour une lampe entretenue par la libéralité des fidèles.

Ainsi , pendant trois siècles et demi, la Providence ne s'était pas montrée indifférente à la gloire de notre Bienheureux. Au contraire , elle avait constamment suscité des âmes fidèles à son culte. Il fallut les épouvantables perturbations de la fin du dernier siècle pour livrer à la profanation des impies une tombe jusqu'alors entourée des signes d'une vénération trois fois séculaire. Mais le ciel n'abandonna pas entièrement les Reliques du serviteur de Dieu. Elles ne furent pas dispersées. Le sépulcre demeura même intact. Enseveli seulement sous les décombres, il attendit en paix le moment opportun où il devait apparaître de nouveau aux yeux des hommes , pour recevoir leurs hommages.

PRIÈRE

O Bienheureux père, votre souvenir est immortel parmi nous. Bénis soient nos ancêtres qui vous ont honoré du culte des saints ! Nous ne laisserons point périr cet auguste héritage ; mais nous continuerons à vous rendre maintenant et toujours, dans la mesure autorisée par la sainte Eglise , les témoignages de notre vénération publique. Comblez-nous de vos grâces comme vous en avez comblé nos pères. Ainsi soit-il.   2.

NEUVIÈME JOUR

Le culte du bienheureux André Abellon dans notre siècle

1 — *La découverte et l'élévation des Reliques du Bienheureux, en 1845.*

Si notre âge a ses défauts, il n'est pas néanmoins dépourvu de tout mérite. Une de ses qualités est le respect, on peut même dire l'amour des choses anciennes. Appliqué aux matières religieuses, ce sentiment doit être loué sans réserve.

C'est ce qui nous explique l'enthousiasme provoqué à Aix en 1845, lorsqu'on découvrit le sépulcre et les Reliques intactes du bienheureux André. A cette époque existaient encore des témoins du culte rendu à cette sépulture sacrée avant la révolution. Plusieurs rappelèrent les efforts tentés par les anciens religieux Dominicains, à l'époque du rétablissement des églises, pour remettre cette sépulture dans son état primitif. A lui seul, cet acte maintenait le Bienheureux dans la possession de son culte immémorial. Ainsi le comprit l'autorité diocésaine, qui s'empressa de répondre à l'élan spontané de la dévotion populaire en ordonnant l'élévation des saintes Reliques et leur exposition à la vénération commune dans l'eglise qui les possédait.

II — *L'approbation du culte du Bienheureux demandée au Saint-Siége en 1859*

La dévotion des fidèles envers le bienheureux André se maintenant et même s'accroissant chaque jour, on eut la pensée de faire approuver par le Saint-Siége ce culte qui, loin d'être nouveau, ne faisait que continuer en les rajeunissant, des traditions et des pratiques plus que trois fois séculaires. L'Ordre de saint Dominique rentrait en Provence ; il reprenait sa place dans les saints-lieux où notre Bienheureux avait vécu ; il semblait opportun de lui donner ce Protecteur au commencement de cette restauration. La demande fut donc faite.

Elle n'a pas encore abouti ; mais nous avons bien des motifs pour espérer une décision conforme aux vœux des religieux et des fidèles.

III — *Les progrès de la cause du Bienheureux*

Les principaux motifs qui nous font espérer le succès de cette cause sont les suivants :

1º On a trouvé depuis 1859 de nouveaux documents constatant la grande sainteté du bienheureux André Abellon, et justifiant pleinement le culte public dont il fut honoré immédiatement après sa mort.

2º On a découvert aussi plusieurs témoignages nouveaux de la continuation persévérante de ce culte à travers les siècles.

3º Depuis la découverte et l'élévation des Reliques du Bienheureux, on n'a cessé de lui rendre à Aix les témoignages les plus positifs du culte ecclésiastique, comme de réciter à haute voix et en commun devant ses Reliques des prières par lesquelles on implore son intercession, et de faire brûler des lampes et des cierges en son honneur.

4º Les Frères-Prêcheurs de Saint-Maximin, de la Sainte-Baume et de Marseille, épris d'un sentiment de vénération particulière envers le Bienheureux, désirant l'honorer, demandent une portion de ses Reliques, et se proposent de se mettre sous sa protection spéciale.

5º L'épiscopat, le clergé et les pieux fidèles partagent ce sentiment et désirent vivement l'approbation du culte du bienheureux André Abellon.

PRIÈRE

O bienheureux André, nous souhaitons de tout notre cœur votre glorification dans l'Eglise militante, et jusqu'à ce que nous l'ayons obtenue de la chaire de saint Pierre, nous travaillerons à vous en doter par tous les moyens légitimes. Daignez, en retour de nos efforts, répandre sur vos serviteurs et vos frères dévoués toutes les bénédictions spirituelles et temporelles dont ils ont besoin. Ainsi soit-il.

SECTION DEUXIÈME

PRIÈRES DIVERSES AU BIENHEUREUX ANDRÉ ABELLON

I

Prière au Bienheureux, avec indulgence de quarante jours, accordée par Mgr Jordany, évêque de Fréjus et Toulon

O bienheureux André, qui vous êtes sanctifié par la pratique généreuse et constante de l'Observance régulière, et qui avez efficacement travaillé au salut des âmes, en prêchant avec un grand zèle les vérités de l'Evangile, obtenez-nous, par votre puissante intercession, la grâce d'accomplir les obligations de notre état, et de nous appliquer, selon la mesure de nos forces, à l'établissement du royaume de Dieu dans les âmes. Ainsi soit-il.

II

Prière en usage dans l'église de la Madeleine, à Aix, où sont vénérées les Reliques du bienheureux André Abellon

Illustre confesseur de la foi, zélé prédicateur de l'Evangile, qui, par la sainteté de votre vie et l'éclat de vos vertus, devîntes l'objet d'un culte spécial dès l'instant de votre mort, de la part des habitants de cette ville et des contrées environnantes : ô vous, que Dieu a glorifié tant de fois par de nombreux prodiges opérés sur votre tombeau ! Comme nos pères, nous venons, à notre tour, vous invoquer avec confiance et honorer vos vénérables reliques, qui sont pour nous un des plus précieux trésors de notre cité.

Glorieux enfant de notre Provence, demandez pour nous au Seigneur l'augmentation de la foi, l'extension de la charité, la conversion des pécheurs et la persévérance des justes.

Priez pour les affligés, les infirmes, les malades, et en particulier pour N......, à l'intention duquel nous faisons cette neuvaine. Obtenez-nous à tous les biens, soit spirituels, soient temporels, dont nous avons besoin, et qui peuvent servir à notre salut et à la gloire de Dieu. Ainsi soit-il.

III

Prière au bienheureux André Abellon, pour la ville de Saint-Maximin

(Avec quarante jours d'indulgences)

O bienheureux Père, né dans cette ville, sous les auspices de la glorieuse sainte

Madeleine, vous qui avez été baptisé dans sa basilique, vous qui, à son exemple, avez choisi la meilleure part en abandonnant le monde et en vous consacrant au Seigneur dans un Ordre que cette grande sainte chérit spécialement ; vous, qui avez travaillé sans cesse à l'augmentation du culte de cette sainte en prêchant ses grandeurs, en exaltant ses mérites, en conquérant les âmes à sa dévotion, nous vous bénissons de tout notre cœur et nous vous félicitons de la gloire que vous possédez dans les cieux. Priez pour vos compatriotes, vos concitoyens. Donnez-leur la prospérité matérielle ; mais surtout enrichissez-les des biens de la grâce, afin que, ne perdant jamais les liens qui les unissent à vous, ils puissent être vos concitoyens dans la bienheureuse éternité. Ainsi soit-il.

<h2 style="text-align:center">IV</h2>

Prière au bienheureux André Abellon, pour la Sainte-Baume, dont il a gouverné plusieurs fois la communauté

(Avec quarante jours d'indulgences)

Pendant votre vie mortelle, ô bienheureux André, vous avez montré beaucoup de zèle pour le sanctuaire témoin des pénitences admirables de la pécheresse de l'Evangile. Du haut du ciel, jetez un regard de complaisance sur ce pélerinage sacré. Bénissez les religieux qui en font le service : communiquez à leur âme le feu de votre ardente dévotion. Qu'à votre exemple ils honorent la sainte patronne de leur désert par le recueillement, la modestie, le silence, l'esprit d'oraison, de mortification et de pénitence.

Priez aussi pour les pélerins, afin que la visite de la sainte Grotte soit utile à leur salut et à leur avancement dans la piété chrétienne. Eloignez d'eux l'esprit de dissipation. Faites qu'ils emportent de leur course en ces lieux des souvenirs édifiants et salutaires, capables de les aider plus tard à rentrer dans la bonne voie, s'ils s'en écartent, et à faire des progrès continuels dans la vertu, s'ils persévèrent. Ainsi soit-il.

V

Prière au bienheureux André Abellon, pour Marseille, où il a fait un long séjour

O bienheureux Père, qui avez habité longtemps la cité de Marseille, en l'édifiant par vos exemples et en y sauvant des âmes par l'exercice du ministère sacré, nous vous remercions du bien que vous avez fait à nos prédécesseurs, et nous implorons votre assistance pour la présente génération.

Préservez-nous, s'il vous plaît, de toute

maladie contagieuse et de toutes les infirmités corporelles. Mais nous vous recommandons nos âmes principalement. Ne permettez pas que les affaires temporelles absorbent l'activité fiévreuse des habitants de cette ville, et qu'en travaillant à l'acquisition des biens temporels, ils négligent d'amasser les trésors impérissables de la grâce, des vertus, des mérites et de la gloire future. Arrachez-les aux nombreuses séductions de la volupté, et qu'avant tout ils soient chrétiens dans le cœur et chrétiens dans les œuvres. Ainsi soit-il.

VI

Prière au Bienheureux pour demander la santé du corps

O bienheureux Père, dont le cœur s'est toujours montré si compatissant envers les affligés; vous qui avez brillé par de grands et nombreux miracles dans la guérison des maladies, — vous voyez en votre présence une personne que la main du Seigneur a frappée, et qui implore avec foi votre puissante intercession, afin d'être délivrée de son mal. O glorieux serviteur de Dieu, soyez touché des supplications qu'elle vous adresse et exaucez-la.

Souvent, je le sais, les infirmités corporelles sont envoyées par la Providence comme un châtiment ou comme un préservatif du péché. O bienheureux Père, j'accepte les miennes à ce double titre, et j'espère que, touché de mes dispositions actuelles, vous m'aiderez à recouvrer une santé que je me propose d'employer à mieux servir Dieu et à mieux pratiquer la pénitence.

Guérissez à la fois les maux du corps et les maux de l'âme, ô pieux médecin, et je vous bénirai jusqu'à la fin de ma vie. Ainsi soit-il.

VII

Prière au bienheureux André Abellon pour demander l'intelligence des choses divines

O bienheureux Père, qui avez été dans votre siècle un flambeau luisant et ardent, illuminant les ténèbres et montrant aux âmes la route de la vie, me voici devant vous, couvert du brouillard de l'ignorance. Dissipez-le, je vous en prie, aux rayons de votre clarté !

O bienheureux Docteur de la grâce, remplissez mon esprit des grandes vérités de la Foi ; rendez sensibles à mon âme les mystères du salut. Que mon cœur les goûte, et qu'il soit rassasié de leur suavité divine !

Eclairez aussi nos pas dans la voie des

saintes inspirations. Écartez de mon chemin les lueurs trompeuses et les guides aveugles. Faites que je marche toujours sans erreur dans la vraie route du salut. Ainsi soit-il.

VIII

Prière au bienheureux André Abellon pour demander la conversion des pécheurs

O bienheureux Père qui, pendant votre séjour ici-bas, avez montré un zèle admirable pour le salut des âmes, n'oubliez pas dans le ciel les pauvres pécheurs, éloignés de Dieu et de son royaume. Considérez combien il est triste pour eux d'être maintenant séparés du cœur divin par la privation de la grâce, et de se trouver dans le danger imminent d'en être séparés pour l'éternité, puisqu'il suffirait d'un instant pour les précipiter dans l'enfer, sans aucun espoir de jouir de Dieu dans la gloire.

Ne les abandonnez pas, ô bon et tendre Père! Envoyez-leur du haut du ciel un rayon de lumière qui leur découvre un état si malheureux. Puissent-ils comprendre et sentir combien il est amer d'avoir abandonné le Créateur, source de vie, pour aller vers les créatures, citernes sèches et rompues, incapables de désaltérer la soif de notre cœur! Puissent-ils prendre la détermination sérieuse, efficace, irrévocable, de retourner à Dieu, de faire pénitence et de vivre désormais chrétiennement! Ainsi soit-il.

IX

Prière au bienheureux André Abellon, pour demander la grâce d'avancer dans la vertu

O bienheureux Père, qui vous êtes montré si fidèle aux célestes inspirations et avez marché avec une énergie si constante dans la pratique de toutes les vertus héroïques, exaucez nos prières et accordez-nous la grâce d'imiter de toutes nos forces une générosité si remarquable.

Notre faiblesse est si grande, notre fragilité si chancelante! Que ferions-nous, hélas! si nous étions privés des secours particuliers de l'assistance divine? Au lieu d'avancer, nous reculerions; au lieu de devenir meilleurs, nous deviendrons plus méchants; au lieu de conquérir le ciel, nous nous précipiterions dans l'enfer!

Venez à notre secours, ô bienheureux Père! Aidez-nous à surmonter notre infirmité morale. Obtenez-nous la grâce de progresser dans le bien jusqu'à ce que nous ayons atteint le sommet de la perfection et de la gloire! Ainsi soit-il.

X

Prière au bienheureux André Abellon pour demander la persévérance

Vous connaissiez, ô bienheureux Père, le prix de la persévérance, et aussi pour obtenir cette grâce, vous l'avez demandée à Dieu sans relâche, et vous avez fait tout ce qui était en votre pouvoir pour vous en rendre digne. Accueillez, s'il vous plaît, le vif désir que nous avons, nous aussi, de persévérer jusqu'à la fin.

De toutes parts les dangers nous environnent. A chaque instant nous sommes exposés à perdre le précieux trésor de la grâce. Votre assistance nous est nécessaire, ô bienheureux confesseur de Jésus-Christ !

Vous ne nous refuserez pas des secours que nous implorons avec une humilité profonde et une confiance illimitée. Vous nous préserverez des surprises de l'ennemi : vous nous obtiendrez l'esprit de vigilance et de prière, arme infaillible contre la tentation. Vous nous obtiendrez une part de votre courage que rien ici-bas ne put abattre, et, comme vous, nous persévérerons dans la route du salut. Ainsi soit-il.

XI

Prière au bienheureux André Abellon pour demander une sainte mort

O bienheureux Père, voici la dernière et la plus importante grâce que nous vous demandons. Faites que nos âmes meurent de la mort des justes, et que nos dernières dispositions soient semblables à celle des saints !

Quel affreux malheur de mourir dans le péché ! Ah ! préservez-nous de ce malheur irréparable. Lorsque la mort surviendra, ah ! que notre âme se trouve prête !

Obtenez-nous la grâce, ô bienheureux Père, de penser souvent à ce moment si solennel, afin que nous puissions y apporter une préparation convenable.

Obtenez-nous la grâce de faire à cette heure suprême une confession générale de tous nos péchés, qui purifie entièrement notre conscience.

Obtenez-nous la grâce de recevoir les derniers sacrements avec la foi des saints et la piété des esprits célestes.

Obtenez-nous la grâce d'être assistés d'une manière spéciale, en ce moment critique, par la sainte mère de Dieu, et assistez-nous vous même avec les saints du ciel.

Lorsque notre âme sera sortie du corps, soyez notre avocat auprès du Juge suprême. Ainsi soit-il.

TABLE

PREMIÈRE PARTIE

Vie du bienheureux André Abellon

DEUXIÈME PARTIE

Culte du bienheureux André Abellon

SECTION PREMIÈRE. — NEUVAINE AU BIENHEUREUX

pages

SECTION DEUXIÈME

Diverses prières au Bienheureux

Toulouse, Imp. Troyes Ouvriers-Réunis.